So wird es gemacht:

Öffne das LÜK-Kontrollgerät und lege die Plättchen in den unbedruckten Deckel. Jetzt kannst du auf den Plättchen und auf der Bodenplatte

die Zahlen [1] bis [24] sehen.

Beispiel: Seite 2 Der Ballon – Welches Wort paßt am besten?
Nimm ein Plättchen - z.B. das Plättchen 1 und lies den Satz: Evi hat sich Schuhe [1] (gefangen: 12, gekauft: 23). Die richtige Lösung heißt "gekauft".
Lege daher Plättchen [1] auf die Feldzahl, die hinter "gekauft" steht, also auf das Feld 23 der Bodenplatte.
Die Zahl **1** muß nach oben zeigen.

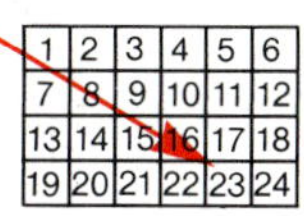

So mußt du weiterarbeiten, bis alle Plättchen auf der Bodenplatte liegen.

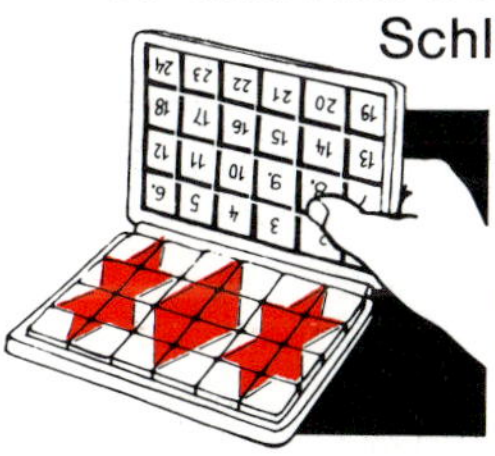

Schließe dann das Gerät und lege es herum. Öffne es von der Rückseite! Wenn du das bei der Übungsreihe abgebildete Muster siehst, hast du alle Aufgaben richtig gelöst. Passen einige Plättchen nicht in das Muster, dann hast du dort Fehler gemacht.
Wende diese Plättchen dort, wo sie liegen, um, schließe den Kasten, lege ihn herum und öffne ihn wieder. Nun kannst du sehen, welche Aufgaben du falsch gelöst hast.
Nimm jetzt diese Plättchen heraus und suche die richtigen Ergebnisse!
Kontrolliere dann noch einmal! Stimmt jetzt das Muster?

Und nun viel Spaß!

Dieses Papier wurde
aus chlorfrei gebleichtem
Zellstoff hergestellt

Der Ballon
Welches Wort paßt am besten?

Papa Moll hat sich Schuhe [1] (gefangen: 12, gekauft: 23). Seine [2] (Tochter: 19, Oma: 10) Evi ist mit dabei. Sie bekommt einen [3] (Luftballon: 21, Reifen: 7) geschenkt.

Evi hält den Ballon nicht richtig [4] (fest: 24, los: 1). Plötzlich [5] (fliegt: 16, geht: 3) er davon. Evi ist ganz [6] (fröhlich: 9, traurig: 20) und weint.

Moll [7] (geht: 14, flattert: 5) in den Laden zurück. Er holt einen [8] (neuen: 18, schwarzen: 4) Luftballon. Evi lacht vor lauter [9] (Freude: 22, Müdigkeit: 10).

Der Ballon soll nicht wieder [10] (wegfliegen: 15, tauchen: 6).

Deshalb [11] (sieht: 3, bindet: 17) ihn Moll an eine Klammer.

Die Klammer [12] (hüpft: 11, klemmt: 13) er an Evis Kleid.

Jetzt 13 (ist: 2, sind 12) die beiden wieder zu Hause. Evi heftet die Klammer an ein 14 (Glas: 1, Kissen: 8). Papa Moll geht inzwischen in sein 15 (Tuch: 9, Zimmer: 10).

Dort schreibt er einen 16 (Brief: 11, Handball: 7). Evi soll ihn zur 17 (Post: 1, Fabrik: 3) bringen.
Ihren Ballon 18 (wackelt: 6, nimmt: 9) sie dabei mit.

Auf einmal 19 (kneift: 8, ruft: 2) Evi von draußen. Papa Moll geht ans 20 (Fenster: 5, Bierglas: 7). Dort sieht er die 21 (Autobahn: 6, Bescherung: 4).

Der Ballon fliegt hoch in der 22 (See: 9, Luft: 7). An ihm ist der 23 (Brief: 6, Ball: 10) festgeklammert.
Was mag aus ihm wohl 24 (treffen: 5, werden: 3)?

Im Schwimmbad
Lückenwörter

Bei der [1] ___, dieser schwülen,

liebt man es, sich abzukühlen.

Moll und [2] ___, wie die andern,

hier zum frischen [3] ___ wandern.

Evi: 19 Hitze: 4 Bade: 24

Evi sieht das Wasser schon

und [4] ___ Moll geschwind davon!

Moll [5] ___ hinterher gerannt

und [6] ___ warnend seine Hand.

hebt: 20 läuft: 3 kommt: 11

„Nie soll man ins [7] ___ hetzen,

ohne sich [8] ___ zu benetzen!“

Sagt’s, rutscht aus und stürzt mit [9] ___

“plumps!” hinein ins Wasserbecken.

Wasser: 7 gut: 15 Schrecken: 23

Huh, das Wasser ist recht kalt!

Moll [10] ___ erholt sich bald,

und er lehrt mit [11] ___ Stimme

Evi, wie man [12] ___ schwimme.

richtig: 8 lauter: 16 jedoch: 12

Plötzlich hat Moll [13] ___ Gefühl,

hier [14] ___ Wasser werd' es kühl!

Während [15] ___ zum Anziehen eilt,

Evi im Sandkasten weilt.

im: 13 er: 17 das: 9

Papa Moll möchte nach Haus.

Doch, wie [16] ___ die Evi aus!

„Laß", [17] ___ Moll, „den Sand nun sein,

[18] ___ dich an der Brause rein!"

sieht: 10 sagt: 1 wasch: 18

Trotzig bleibt Klein-Evi stehn,

sie will nicht [19] ___ gehn.

„Gut", sagt Moll, „mein [20] ___ Kind,

gehn wir [21] ___ hin geschwind!"

liebes: 22 alleine: 2 beide: 5

Barfuß watet Moll ins Bad,

Evi hält sich rechts am [22] ___.

Puh! Gewaltig spritzt die [23] ___,

ganz durchnäßt geht [24] ___ nach Hause!

Rad: 14 Moll: 6 Brause: 21

Umweltschutz
Richtig oder falsch?

1 Moll und Evi gehen in die Stadt.
richtig: 7 falsch: 19

2 Dackel Tschips ist auch mit dabei.
richtig: 11 falsch: 20

3 Evi schält sich einen Apfel.
richtig: 12 falsch: 4

4 Die Schale wirft Evi auf ein Auto.
richtig: 15 falsch: 8

5 Das sieht ihr Vater gar nicht gern.
richtig: 16 falsch: 3

6 Er schimpft mit seiner Tochter Evi.
richtig: 12 falsch: 10

7 Evi muß die Schale wieder aufheben.
richtig: 24 falsch: 15

8 Dann gehen sie zum Abfalleimer.
richtig: 20 falsch: 17

9 Dort wirft Evi die Schalen hinein.
richtig: 3 falsch: 1

10 Gleich daneben steht ein Pferd.
richtig: 5 falsch: 15

11 Dort wollen Moll und Evi reiten.
richtig: 14 falsch: 19

12 Sie binden Tschips an der Tonne fest.
richtig: 23 falsch: 22

13 Moll und Evi gehen in einen Laden.
richtig: 2 falsch: 21

14 Tschips setzt sich neben die Tonne.
richtig: 6 falsch: 13

15 Er hat einen Knochen im Maul.
richtig: 14 falsch: 10

16 Plötzlich fangen zwei Hunde zu bellen an.
richtig: 1 falsch: 5

17 Beide Hunde haben ein gestreiftes Fell.
richtig: 22 falsch: 17

18 Der Tschips sieht ganz ängstlich aus.
richtig: 9 falsch: 21

19 Das Gekläffe wird immer lauter.
richtig: 18 falsch: 6

20 Moll und Evi hören den Hundelärm.
richtig: 13 falsch: 18

21 Sie laufen unruhig vor die Tür.
richtig: 21 falsch: 24

22 Dort sehen sie die Bescherung.
richtig: 5 falsch: 12

23 Tschips hat die Tonne aufgefressen.
richtig: 7 falsch: 14

24 Der ganze Abfall liegt auf dem Fußweg.
richtig: 22 falsch: 4

Waldspaziergang
Lückenwörter

Heut, am [1] ____ Frühlingsmorgen,
geht Moll früh und [2] ____ Sorgen
mit den Kindern in den Wald,
denn der Kuckuck ruft [3] ____ bald.

schon: 7 ohne: 9 schönen: 12

Da erblickt im [4] ____ Klee
Moll sogleich ein [5] ____ Reh,
das er nicht erschrecken will.
„Kinder, seid [6] ____ mäuschenstill!"

grünen: 11 scheues: 1 jetzt: 10

Bäume, die am [7] ____ liegen,
sind für [8] ____ ein Vergnügen.
Wie im [9] ____ auf dem Seile
balanciert man eine Weile.

Zirkus: 8 Boden: 21 Kinder: 5

Evi kann den Kniff noch nicht,
sie [10] ____ ihr Gleichgewicht!
Sie [11] ____ aus und, welcher Schreck,
[12] ____ sich mitten in den Dreck!

verliert: 2 setzt: 22 rutscht: 6

Papa Moll ist nun [13] ____,
schon des [14] ____ Rutschens wegen.
Er weiß ein viel besseres Spiel,
das er [15] ____ jetzt zeigen will.

selbst: 19   leichten: 3   dagegen: 23

„Hochsprung ist ein schöner [16] ____!
Seht einmal den Baumstamm [17] ____,
über diesen werde ich springen!
Macht es nach, es [18] ____ gelingen!“

dort: 15   wird: 20   Sport: 24

Alles wartet sehr gespannt,
Moll springt [19] ____ und elegant.
Gut wird [20] ____ Sprung gefunden,
doch der Papa [21] ____ verschwunden!

leicht: 16   dieser: 18   bleibt: 14

Voller Neugier rennt [22] ____ hin,
[23] ____ vom Papa nur das Kinn!
Denn er [24] ____ gleich bis zum Rumpf
mitten drin im tiefen Sumpf!

steckt: 13   man: 4   sieht: 17

Der Apfelbaum

Welches Wort gehört zu dem Satz?

1 Moll schaut auf seinen < Autoreifen. 12 / Apfelbaum. 19

2 Der Baum hängt voller < Früchte. 21 / Steine. 4

3 Die Äste biegen sich nach < unten. 24 / draußen. 6

4 Moll sucht jetzt < Stangen. 8 / Geigen. 20

5 Sie sollen die Äste < schälen. 18 / stützen. 5

6 Evi und Hans futtern die < Äpfel. 22 / Erbsen. 2

7 Papa Moll hat das < gerochen. 4 / gesehen. 15

8 Er schimpft mit den < Omas. 1 / beiden. 13

9 Sie sollen die Bodenäpfel < essen. 11 / küssen. 6

10 Nun werden die Stangen < telefoniert. 3 / aufgestellt. 1

11 Jeder Ast erhält eine < Stütze. 2 / Sonne. 7

12 Moll freut sich über sein < Werk. 16 / Boot. 5

13 Jetzt spielen die Kinder < Fußball. 7 / Verstecken. 23

14 Sie laufen auf dem Rasen < dazwischen. 8 / entlang. 9

15 Hinten sieht man den < Hampelmann. 14 / Apfelbaum. 23

16 Papa Moll geht zu seinen < Eltern. 4 / Kindern. 20

17 Der Ball soll nicht gegen den Baum < stoßen. 3 / helfen. 6

18 Darum verbietet er das < Ballspielen. 12 / Herumlaufen. 16

19 Plötzlich ist im Garten etwas < dort. 10 / los. 4

20 Tschips jagt einer Katze < nach. 1 / über. 6

21 Die Katze springt auf den < Baum. 17 / Stall. 8

22 Die Äste werden < durchgeschüttelt. 10 / weggefahren. 5

23 Alle Äpfel kullern vom < Baum. 14 / Dach. 16

24 Papa Moll ist ganz < übermütig. 9 / fassungslos. 6

Am Zoll
Lückenwörter

Moll [1]____ im Familienkreise
von [2]____ Ferien-Auslandsreise.
„Darf man“, Fritz und Evi fragen,
„Spielzeug mit im [3]____ tragen?“

der: 15   spricht: 13   Koffer: 6

„Nein“, sagt Moll, „es geht [4]____ mehr,
weil der Koffer schon recht [5]____.
Und beim [6]____ kann es daneben
auch noch Schwierigkeiten geben!“

Zoll: 4   schwer: 11   nicht: 2

Doch die Kinder überlegen,
was sie auf verborgenen [7]____
heimlich in [8]____ Koffer stecken,
um den [9]____ Moll zu necken.

Papa: 17   den: 7   Wegen: 9

Schreckerregend ohne Zweifel
ist der kleine [10]____ Teufel,
welcher federnd springt [11]____ oben,
wird der Deckel leicht [12]____!

nach: 20   schwarze: 24   gehoben: 22

In den Koffer in der Nacht
wird das Teufelchen [13] ______.
Morgens dann mit [14] ______ Sinn
wandert man zum [15] ______ hin.

Bahnhof: 5   frohem: 3   gebracht: 1

Dann im Zug erklärt nun Moll:
„Kinder, hört, bald [16] ______ der Zoll!
Naht der [17] ______, gebet acht,
daß ihr ihn nicht [18] ______ macht!“

kommt: 14   böse: 18   Zöllner: 21

Und schon ist mit ernsten Mienen
der Zollbeamte hier [19] ______.
„Haben sie was [20] ______ den Zoll?“
„Nein!“ sagt freundlich [21] ______ Moll.

für: 19   lächelnd: 23   erschienen: 10

Drauf macht er den Koffer auf.
Da, oh [22] ______, in schnellem Lauf
springt der [23] ______ Teufelswicht
dem Zöllner mitten [24] ______ Gesicht!

ins: 12   kleine: 8   Schreck: 16

So ein Pech
Wie geht der Satz weiter?

1 Papa Moll ist heute ...

2 Nur der Dackel ...

3 Die übrige Familie ...

...Tschips ist noch da. 9

...ist ausgegangen. 12

...allein zu Hause. 7

4 Moll möchte eine ...

5 Er schiebt die Pizza ...

6 Dann heizt er ...

...schöne Pizza essen. 20

...den Backofen an. 10

...in den Backofen. 17

7 Inzwischen sitzt Moll ...

8 Es wird ein spannendes ...

9 Plötzlich entsteht ein ...

...starker Brandgeruch. 23

...Fußballspiel gesendet. 1

...vor dem Fernseher. 4

10 Moll stürzt rasch ...

11 Er reißt die Tür ...

12 Die Pizza ist schwarz ...

...zum Backofen auf. 14

...in die Küche. 6

...wie ein Kohlestück. 3

13 Papa Moll hat ...

14 Er holt einen Hähnchenschenkel ...

15 Dackel Tschips schaut ...

...jetzt großen Hunger. 19

...ihm dabei zu. 11

...aus dem Kühlschrank. 22

16 Moll legt den Schenkel ...

17 Den Teller stellt er auf ...

18 Im Fernsehen gibt es ...

...auf einen Teller. 8

...den Wohnzimmertisch. 15

...immer noch Fußball. 24

19 Plötzlich klingelt ...

20 Moll kann schon wieder ...

21 Zuerst muß er ...

...ans Telefon gehen. 5

...nicht essen. 13

...das Telefon. 16

22 Moll kehrt in ...

23 Doch was sehen ...

24 Tschips hat bereits ...

...das Zimmer zurück. 21

...den Schenkel im Maul. 18

...seine erstaunten Augen? 2

Die elektrische Eisenbahn
Lückenwörter

Moll, der wahre Mann vom Fach
spielt mit einem Freunde __1__.
Doch die __2__ nebenan
fangen laut zu __3__ an.

zanken: 11   Schach: 12   Kinder: 15

Da der __4__ das Schach sehr stört,
ruft Moll wütend __5__ empört:
„Spielt doch mit der Eisenbahn,
die elektrisch fahren __6__!“

Lärm: 7   kann: 16   und: 2

Kaum ist diese fahrbereit,
gibt es plötzlich wieder __7__.
Jeder __8__ den Hebel halten,
um die Schnelligkeit zu __9__.

will: 6   schalten: 8   Streit: 3

Molls Geduld ist nun am Rand,
__10__ kommt er angerannt:
„Statt einander __11__ verhauen,
könntet ihr doch selbst was __12__!“

bauen: 4   zu: 1   böse: 5

„Seht, ich [13] ____ euch Pappe hier,

Schere, Säge, Leim, [14] ____.

Bastelt selbst euch [15] ____, Brücken,

ganz nach Laune und Entzücken!“

bringe: 24 Papier: 21 Tunnels: 20

Mit befriedigt stolzem Blick

kehrt nun Moll zum Schach [16] ____.

[17] ____ geht’s lebhaft her,

doch man hört kein [18] ____ mehr.

Nebenan: 9 zurück: 19 Zanken: 23

Mama es kaum glauben will,

daß die Kinder jetzt so [19] ____.

„Ja“, [20] ____ Moll ganz stolz und lacht,

„dieses [21] ____ habe ich vollbracht!“

Werk: 14 sagt: 18 still: 10

„Laß uns leise hinübergehen

und nach unsern [22] ____ sehen!“

Moll zur Türe [23] ____ sogleich,

ach, er wird vor [24] ____ bleich!

Schrecken: 17 geht: 13 Kindern: 22

Das Schwimmbecken

Welches Wort gibt es wirklich?
Wähle aus drei Möglichkeiten!

Papa Moll [1] _____ auf der Gartenschaukel.
siztt: 2 sitzt: 7 sztit: 4

Er [2] _____ ein Glas Limonade.
trinkt: 9 trintk: 6 tirnkt: 8

Am Himmel [3] _____ die Sonne.
scheitn: 16 schient: 12 scheint: 24

Plötzlich [4] _____ die Ruhe gestört.
wrid: 5 wird: 20 widr: 1

Die Kinder im Sandkasten [5] _____ sich.
zeannk:14 zanken: 17 zenkan: 8

Fritz und Evi [6] _____ auch dabei.
sidn: 23 snid: 3 sind: 22

Moll [7] _____ den Streit.
schlichtet: 15 schlechtit: 21 schichtlet: 24

Die Kinder [8] _____ betroffen da.
snehet: 10 stehen: 13 sethen: 14

Und die Sonne [9] _____ vom Himmel.
btrenn: 22 bernnt: 18 brennt: 11

Plötzlich hat Moll [10] _____ Idee.
eine: 6 iene: 3 eien: 9

Er [11] _____ ein Planschbecken bauen.
wlli: 12 will: 2 wlil: 8

Schon [12] _____ er an zu graben.
fägnt: 24 fnägt: 10 fängt: 4

Jetzt [13] ______ er ein Gummibecken.
brignt: 16   bringt: 19   birngt: 8

Er [14] ______ es in die Grube.
stlelt: 12   steltl: 1   stellt: 21

Die Kinder [15] ______ ihm dabei.
heelfn: 5   helfen: 23   heflen: 4

Moll [16] ______ Wasser in das Becken.
fütll: 14   füllt: 8   flült: 7

Es [17] ______ direkt aus der Leitung.
ktomm: 5   kmomt: 2   kommt: 3

Gleich [18] ______ das Schwimmbad fertig.
ist: 12   its: 15   sit: 16

Moll [19] ______ sich in die Gartenschaukel.
seztt: 9   setzt: 16   stezt: 14

Ob es wieder Streit [20] ______?
gitb: 18   gbti: 15   gibt: 1

Herr und Frau Moll [21] ______ es nicht.
glebaun: 7   glauben: 5   gluaben: 4

Aber sie [22] ______ sich getäuscht.
haben: 10   heban: 12   habne: 1

Der Krach ist [23] ______ viel größer.
nohc: 8   noch: 14   ncho: 6

Alle Kinder [24] ______ gleichzeitig ins Becken.
wellon: 15   wollen: 18   wollne: 4

Verdruß beim Rasenmähen
Lückenwörter

Da das Wetter heute schön,
will Moll in den Garten [1]____,
um den [2]____ zu mähen
und auch Blumen noch zu [3]____.

gehn: 13   Rasenplatz: 15   säen: 18

Gleich holt er sich eins, zwei, drei
rasch die Harke hier [4]____.
Zugleich schiebt mit [5]____ Miene
er [6]____ Rasen-Mähmaschine.

froher: 11   die: 16   herbei: 2

Spielzeug in des Weges Mitte
hemmt ganz [7]____ seine Schritte!
Hopp, den [8]____ sah Moll nicht,
er [9]____ mit dem Gleichgewicht!

kämpft: 5   plötzlich: 3   Spielball: 19

Was sein Auge nun erblickt,
ihn auf keinen Fall [10]____.
Auf dem Rasen kreuz und [11]____
[12]____ Spielsachen umher!

liegen: 4   entzückt: 24   quer: 8

„Kinder“, [13] ____ Moll, „ungesäumt
wird hier alles weggeräumt!
Ich kann einfach nichts so [14] ____,
wie [15] ____ Sachen-liegen-lassen!“

das: 17 ruft: 1 hassen: 21

Fritz und Evi sind erschienen,
doch an [16] ____ langen Mienen
sieht man schon aus weiter [17] ____:
Aufgeräumt wird gar [18] ____ gerne!

ihren: 14 nicht: 6 Ferne: 9

„Prägt euch“, sagt Moll, „[19] ____ ein:
Ordnung muß im [20] ____ sein!“
Dabei [21] ____ er einen Schritt,
achtet nicht, wohin er tritt!

Leben: 7 dieses: 10 macht: 23

Peng! Die Harke mit Gewicht
saust Moll mitten ins [22] ____!
Doch es sei [23] ____ nicht verschwiegen:
Moll ließ selbst die [24] ____ liegen!

Harke: 12 hier: 20 Gesicht: 22

Heidelbeeren

In jedem Satz ist ein Schüttelwort versteckt. Wie muß es richtig heißen?

1 Papa Moll und Evi NHEGE in den Wald.

2 Er TRTGÄ ein Körbchen in der Hand.

3 Am Rande des Weges stehen zwei ELPIZ.

4 Die beiden ELOWLN Heidelbeeren pflücken.

5 Sie finden eine EGUT Stelle.

6 Schnell sammeln sie den RKOB voll.

7 Jetzt kehren sie gemeinsam KÜZURC.

8 Beiden tut der NCRÜKE weh.

9 Das kommt vom NLEVIE Bücken.

10 Ein RUABE fährt vorbei.

11 Er TTSIZ auf einem Pferdewagen.

12 Evi und LMLO können mitfahren.

Moll 5 Bauer 10 Korb 17 Rücken 2 vielen 21 Pilze 22
gute 9 zurück 6 sitzt 1 wollen 13 trägt 18 gehen 14

13 Die NDIBEE sitzen auf dem Pferdewagen.

14 Sie NRWEDE ordentlich durchgeschüttelt.

15 Aber sie URFEEN sich trotzdem.

16 Endlich kehren Moll und Evi MIHE.

17 Die ETUMTR wartet schon.

18 Sie sitzt im NAGRTE und strickt.

19 Evi TLHÄ der Mutter die Augen zu.

20 Moll TLSTEL ihr den Korb auf den Schoß.

21 Sie NELWOL die Mutter überraschen.

22 Doch was ist TZJET passiert?

23 Aus dem Korb FLÄUT Beerensaft aus.

24 Und alles auf Mutters SUENE Kleid!

Mutter 12 stellt 8
Garten 16 wollen 3
hält 11 beiden 20
werden 24 jetzt 23
läuft 7 heim 19
freuen 15 neues 4

Indianerspiel
Lückenwörter

Nach dem Essen [1] nun
Papa Moll ein [2] ruhn.
Er legt sich aufs Sofa nieder
und [3] wohlig seine Glieder.

streckt: 4 wenig: 1 möchte: 5

Doch [4] er nicht gestört,
ruft er: „Fritz und Evi, hört,
stört nicht [5] Mittagsschlaf,
malt etwas und [6] recht brav!

damit: 6 seid: 2 meinen: 10

Deshalb will ich heut [7] zweien
meine Farb-Filzstifte [8]!
Malt ein Indianer-Schild,
doch seid leis' und [9] so wild!"

leihen: 12 nicht: 3 euch: 8

[10] und Evi fangen dann
sofort mit dem [11] an.
Oh, das [12] hier, grau und rund,
wird auf einmal herrlich bunt!

Schild: 7 Malen: 11 Fritz: 9

Doch danach mit [13] ______ Freude

“tätowieren” sie sich ______. [14]

Mit den Stiften kreuz und quer

fahren sie im Gesicht [15] ______!

größter: 18   beide: 14   umher: 16

Und zum [16] ______ mit leisem Sinn

schleichen sie [17] ______ Papa hin.

Weil der Filzstift äußerst weich,

spürt Moll dessen [18] ______ nicht gleich.

zum: 19   Strich: 15   Schluß: 17

Moll [19] ______, nun aufgewacht,

Fritz und Evi, und er [20] ______:

„Eure Farben im Gesicht

[21] ______ sich mit Wasser nicht!“

erblickt: 20   lösen: 21   lacht: 23

Moll will nun zur Arbeit gehn,

ruft noch [22] ______ „Auf Wiedersehn!“

Da [23] ______ Mama Moll vor Schreck:

„Moll, so [24] ______ du niemals weg!“

darfst: 22   schnell: 13   schreit: 24

Die Senftube

Wie viele Wörter (W) hat der Satz?

1 EsisteinSonntag.
4 W: 11 5 W: 10 6 W: 23

2 Mollschläftimmernoch.
3 W: 21 4 W: 7 5 W: 1

3 ImBettisteswohligwarm.
5 W: 6 6 W: 22 7 W: 13

4 Jetztisterendlichaufgestanden.
4 W: 9 5 W: 12 6 W: 14

5 ImBadärgertersichwieder.
6 W: 16 7 W: 17 8 W: 5

6 DieTubeistnurvorneausgedrückt.
5 W: 10 6 W: 8 7 W: 1

7 MollerklärtesdenKindern:
4 W: 21 5 W: 2 6 W: 5

8 „DasSparenfängtimKleinenan!
5 W: 17 6 W: 6 7 W: 3

9 Deshalbimmernurhintendrücken!“
3 W: 4 4 W: 19 5 W: 21

10 DaklingeltesanderTür.
4 W: 18 5 W: 13 6 W: 15

11 TanteMarthakommtzuBesuch.
5 W: 5 6 W: 23 7 W: 20

12 PapaMollbegrüßtsieherzlich.
3 W: 4 4 W: 19 5 W: 1

13 DerTischistschongedeckt.
4 W: 23 5 W: 24 6 W: 17

14 EsduftetherrlichnachBraten.
5 W: 20 6 W: 19 7 W: 3

15 Gleichgibteszuessen.
3 W: 19 4 W: 14 5 W: 10

16 AmTischistPapaMollzornig.
4 W: 1 5 W: 19 6 W: 23

17 DieSenftubeistvorneausgedrückt.
3 W: 18 4 W: 5 5 W: 13

18 Hintenistsieabernochganzvoll.
5 W: 6 6 W: 17 7 W: 9

19 MollnimmtdieTubezurHand.
6 W: 14 7 W: 4 8 W: 3

20 ErdrücktdenSenfnachvorne.
5 W: 19 6 W: 17 7 W: 8

21 TanteMarthaschautaufmerksamzu.
4 W: 15 5 W: 3 6 W: 4

22 AberderDeckelhältnichtdicht.
4 W: 12 5 W: 4 6 W: 19

23 Deshalbmachtesplötzlich"Platsch"!
5 W: 18 6 W: 5 7 W: 10

24 Ohweh,wohinspritztderSenf?
4 W: 12 5 W: 2 6 W: 4

Auf dem Spielplatz
Lückenwörter

Heute [1] Spazierengehn
bleibt Moll kurz am [2] stehn.
Da gibt es Barren, Kletterstangen
und ein Reck, zum [3] Hangen.

beim: 13 daran: 16 Spielplatz: 5

„Früher“, sagt Moll, „war mit Rasse
ich ein [4] erster Klasse!
Turnen ist zu [5] Stund’
für euch Kinder sehr [6]!“

gesund: 18 jeder: 21 Turner: 2

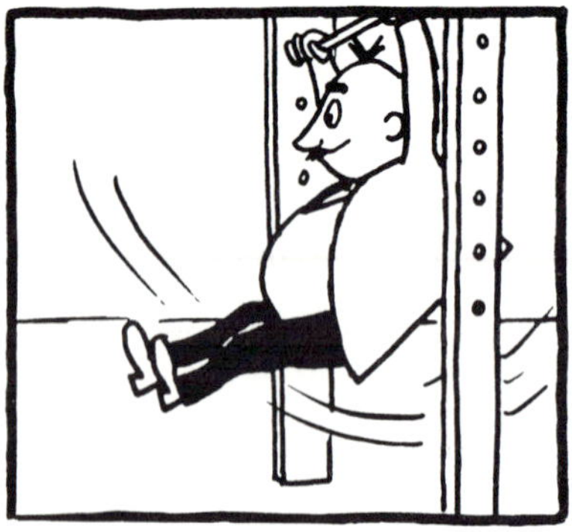

„[7], ich zeig euch, wie’s gelingt,
daß am Reck man [8] schwingt.
Gutes Turnen ist nicht schwer!“
Lustig [9] Moll hin und her.

schwingt: 15 Kommt: 11 richtig: 19

Darauf an der Kletterstange
ist ein [10] im Gange!
Alle [11] wie der Blitz;
Sieger jedoch wird [12] Fritz!

der: 24 klettern: 8 Wettbewerb: 22

Moll am Barren 13 ______ sodann,

was man alles machen kann.

Langsam zieht er 14 ______ empor

und zeigt einen 15 ______ vor.

sich: 17   Kopfstand: 3   zeigt: 1

Dann geht er behutsam nieder,

stemmt sich mit den 16 ______ wieder...

„Kinder“, ruft er, „seht mal 17 ______!

Diese Übung ist 18 ______ schwer.“

Armen: 14   her: 23   nicht: 4

„Jetzt die Beine wie zwei 19 ______,

schwing ich auf die Barrenstangen!“

Doch da 20 ______ Moll das Gefühl:

Hinten wird es 21 ______ kühl!

plötzlich: 9   Zangen: 12   kriegt: 7

Ach, er muß zu seinem 22 ______

etwas Peinliches entdecken:

Ihm, dem 23 ______ Akrobat,

24 ______ am Po die Hosennaht!

platzt: 10   kühnen: 20   Schrecken: 6

Die Wannenbrause

In jedem Satz ist ein Wort rückwärts geschrieben!

1 Evi etleips in der Sandkiste.

2 Sie ist znag schön schmutzig.

3 Ihr Vater schickt sie hcielg ins Bad.

4 Evi tgeil in der Badewanne.

5 Sie spielt tim der Seifenschale.

6 Das macht ihr neßorg Spaß.

7 Nun tsi das Bad zu Ende.

8 Evi ist jetzt schön rebuas.

9 Mutter tenkcort sie gründlich ab.

10 Doch die Wanne ist rhes verschmutzt.

11 Evi llos sie sauber machen.

12 Schließlich raw es ja ihr Dreck.

- sehr 15 / trocknet 22
- mit 16 / ist 18
- gleich 21 / liegt 19
- ganz 24 / spielte 20
- großen 23 / soll 13
- sauber 14 / war 17

13 Evi tllets den Hebel um.

14 Jetzt tsi die Brause angeschlossen.

15 Damit tsuarb sie die Wanne ab.

16 Inzwischen ist es Abend nedroweg.

17 Evi tztup sich die Zähne.

18 Papa Moll tmmok ins Bad.

19 Moll lliw sich die Hände waschen.

20 Er hat es sehr gilie.

21 Deshalb theg er zur Badewanne.

22 Er therd rasch das Wasser an.

23 Da macht es hcilztölp "platsch"!

24 Papa Moll wird gitfärk abgebraust.

plötzlich 1
geworden 7
eilig 2
stellt 8
kräftig 3
will 5
ist 12
braust 10
dreht 11
kommt 9
putzt 6
geht 4

Papa Moll Mama Moll

Willy Fritz Evi Tschips